Rezepte und Ideen

mit

Ingwer

Rezepte und Ideen
mit

Ingwer

Einleitung von Pepita Aris

TIME LIFE

Aus dem Englischen übersetzt von Anette Bewermeier für GAIA Text, München
Satz und Produktion: GAIA Text, München

Die Originalausgabe mit dem Titel *Ginger* wurde erstmals 1996 im Verlag Lorenz Books, einem Imprint von Anness Publishing Limited, London, veröffentlicht.

DESIGN: Lilian Lindblom
ILLUSTRATION: Anna Koska
REZEPTE: Alex Barker, Roz Denny, Nicola Diggins, Rafi Fernandez, Christine France, Sarah Gates, Shirley Gill, Deh-Ta Hsiung, Sue Maggs, Liz Trigg und Steven Wheeler
FOTOS: Karl Adamson, Edward Allwright, Steve Baxter, James Duncan, Michelle Garrett, Don Last und Michael Michaels
FOODFOTOS: Carole Handslip, Wendy Lee und Jane Stevenson
UMSCHLAGFOTO: Amanda Heywood
STYLISTEN: Madeleine Brehaut, Hilary Guy, Maria Kelly, Blake Minton, Kirsty Rawlings und Fiona Tillet

DRUCK UND BINDUNG: Star Standard
Printed in Singapore

ISBN 90-5872-947-8

HINWEIS

Alle Informationen und Hinweise, die in diesem Buch enthalten sind, wurden vom Autor nach bestem Wissen erarbeitet und von ihm und dem Verlag mit größtmöglicher Sorgfalt überprüft. Unter Berücksichtigung des Produkthaftungsrechts müssen wir allerdings darauf hinweisen, dass inhaltliche Fehler oder Auslassungen nicht völlig auszuschließen sind. Für etwaige fehlerhafte Angaben können Autor, Verlag und Verlagsmitarbeiter keinerlei Verpflichtung und Haftung übernehmen.
Korrekturhinweise sind jederzeit willkommen und werden gerne berücksichtigt.

Inhalt

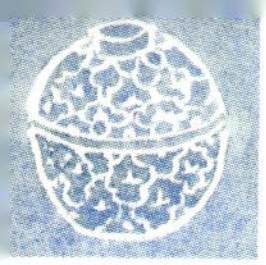

Einleitung

Kennen Sie den herrlichen Duft, der durch die Küche zieht, wenn Sie ein Gericht mit Ingwer zubereiten? Ob das anheimelnde Aroma von Lebkuchen, die an einem Wintertag im Ofen backen, oder das betörende Flair einer fernöstlichen Köstlichkeit auf dem Herd, Ingwer hat in süßen genauso wie in pikanten Speisen zu jeder Jahreszeit eine unwiderstehliche Ausstrahlung.

Seit über tausend Jahren nimmt Ingwer einen festen Platz in der Küche ein, in China bereits seit dem zweiten Jahrhundert vor Christus. Früh gelangte Ingwerpulver nach Nordeuropa – als einziges asiatisches Gewürz, das schon vor den Kreuzzügen bei uns eingeführt wurde. Traditionell wird er dem Winter zugeordnet, denn in der dunklen Zeit des Jahres soll Ingwer Freude und Wärme verbreiten. Lebkuchen, der immer auch Ingwer enthält, ist eins der ältesten Kuchenbrote und in allen nördlichen Ländern zu finden, wo er untrennbar zur Weihnachtszeit gehört. In blau-weißen China-Töpfen, die heute sehr begehrt sind, kamen dann zu Beginn des achtzehnten Jahrhunderts in Sirup eingelegte Ingwersprossen aus dem Fernen Osten nach Europa.

In der asiatischen Küche ist Ingwer unverzichtbar. So bilden Frühlingszwiebeln, Ingwer und Knoblauch die klassische Geschmacksnote vieler chinesischer Rezepte. Die Kombination aus Ingwer, Zwiebeln und Knoblauch findet sich ebenso in den Saucen Nordindiens wie in den vegetarischen Gerichten, die für den Süden des Landes typisch sind.

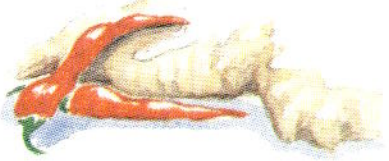

Gemahlener Ingwer ist eine wichtige Zutat in Gewürzmischungen und den reichhaltigen Speisen der Mogulenküche, aber auch aus der marokkanischen Küche nicht wegzudenken, die zu den raffiniertesten in Nordafrika zählt. Und mit der wachsenden Beliebtheit südostasiatischer Kochkunst wird Ingwer auch bei uns immer populärer.

Ingwer gibt es als frische Wurzel, im Ganzen getrocknet, gemahlen, kandiert und in Sirup eingelegt. Jede Variante hat eine etwas andere Geschmacksnuance, allen gemeinsam ist jedoch die süße Schärfe.

Die folgenden Rezepte bringen die verschiedenen Formen des Ingwers in bester Weise zur Geltung und wurden von Küchen auf der ganzen Welt inspiriert. Den Anfang machen exotische, dabei unkomplizierte Suppen und Vorspeisen. Im nächsten Kapitel verleiht Ingwer Fisch und Meeresfrüchten eine pikante Note. Dann profitieren Fleisch und Geflügel von der reichen kulinarischen Geschichte der Ingwerwurzel. Es folgen vegetarische Gerichte, die wir mit der belebenden Würze des Ingwers verfeinern. Und schließlich runden köstliche Kuchen und Desserts unsere Erkundung dieses vielseitigen und dabei einzigartigen Gewürzes ab.

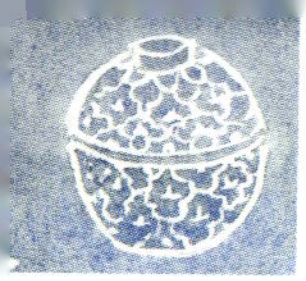

Die verschiedenen Formen von Ingwer

FRISCHE INGWERWURZEL

Eine pralle, knubbelige Wurzel mit glatter, hellbeiger Schale. Runzeln weisen darauf hin, dass die Wurzel nicht mehr frisch ist. Wenn man die Haut abschält, zeigt sich das hellgelbe Innere. Es sollte fest sein und einen frischen, würzigen Duft ausströmen. Das zarteste Ingwerfleisch liegt direkt unter der Schale; darunter wird die Konsistenz zäher und leicht holzig.

GETROCKNETE INGWERWURZEL

Diese Form ist ganz anders als die frische Wurzel und kann sie nicht ersetzen. Sie wird im Ganzen an Mischungen für Einmachgewürze gegeben und muss vor der Verwendung zerdrückt werden, um das Aroma freizusetzen.

KANDIERTER INGWER

Hierzu wird Ingwer in Zuckersirup eingelegt und anschließend dick mit Kristallzucker überzogen. Diese Variante verwendet man für Gebäck und Desserts wie etwa Eiscreme.

GEMAHLENER INGWER

Dies ist die gemahlene Form der getrockneten Ingwerwurzel. Das scharfe Pulver wird für würziges Gebäck wie Lebkuchen und Ingwerplätzchen benötigt. Es ist auch eine beliebte Zutat für pikante Gerichte wie Currys und Suppen, oft in Kombination mit anderen Gewürzen.

INGWERSPROSSEN

Zarte, junge Ingwersprossen werden gekocht und in Zuckersirup eingelegt. Sprossen und Sirup können an Kuchen, Saucen und Eiscreme gegeben werden. Der Sirup verleiht auch Marinaden für pikante Speisen ein süßes Ingweraroma.

EINGEMACHTER INGWER

Dünne Ingwerscheiben werden in gesüßtem Essig eingemacht und dienen als Garnierung für rohen Fisch oder als Beilage zu Sushi und anderen asiatischen Speisen. Eingemachter Ingwer ist sehr scharf; wird er mitgegart, sollte er vor dem Servieren entfernt werden.

In Scheiben geschnittene Ingwerwurzel
Getrocknete Ingwerwurzel
Frische Ingwerwurzel
Ingwermark
Eingemachter Ingwer
Kandierter Ingwer
Frische Ingwerwurzel
Gemahlener Ingwer
Ingwersprossen

Küchentechniken

INGWERWURZELN VORBEREITEN

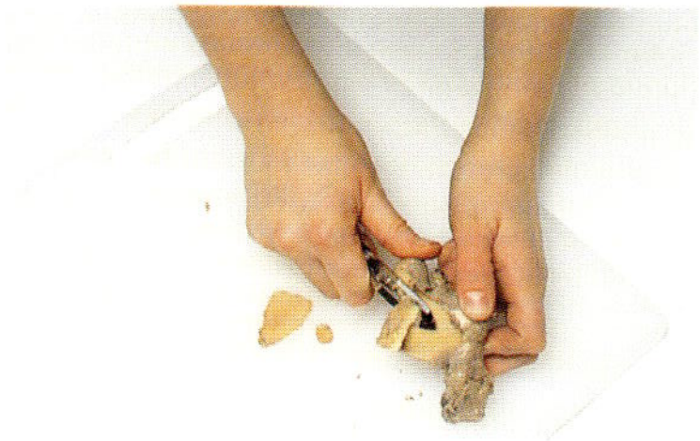

Den Ingwer in leicht zu schälende Stücke brechen, dabei sehr knorrige Stellen auslassen. Die Schale, die glatt und unverletzt sein sollte, mit einem kleinen, scharfen Messer oder Schälmesser sehr dünn abschälen und wegwerfen.

Während des Garens gibt man in Scheiben geschnittene Ingwerwurzel an das Gericht. Dazu den Ingwer nach dem Schälen mit einem scharfen Messer in dünne Scheiben schneiden.

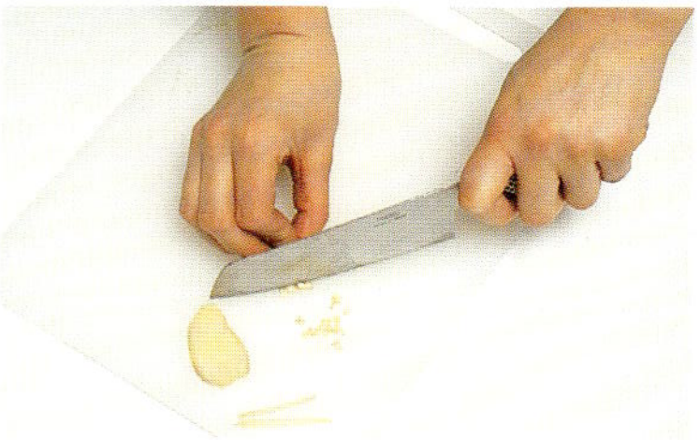

Wird er zusammen mit anderen Zutaten in der Pfanne gerührt oder als Garnierung für fertige Speisen benötigt, so schneidet man die Wurzel erst in Scheiben und dann in feine Julienne-Streifen.

TIPPS ZUM UMGANG MIT INGWERWURZELN

- Einkauf: Wählen Sie pralle Wurzeln mit festem Fleisch und feiner, glatter Schale.
- Lagerung: Ungeschälte Ingwerwurzeln halten sich bis zu vier Wochen im Gemüsefach oder Kühlschrank, wenn man sie fest in Frischhaltefolie wickelt. Runzlige, vertrocknete Wurzeln sollten Sie wegwerfen.

- Reiben: Die geschälte Ingwerwurzel fein reiben und an Saucen, Suppen, Eintöpfe oder Marinaden geben. Ingwer je nach Erfordernis hacken, reiben oder in Scheiben schneiden. Eine 2,5 cm lange Wurzel ergibt etwa einen Esslöffel fein gehackten Ingwer.
- Treibt die Ingwerwurzel, so können Sie die Triebe hacken und als Gewürzkraut an Salate geben.

INGWERMARK HERSTELLEN

Ingwer wird häufig für pikante Rezepte benötigt, es kann jedoch recht zeitraubend sein, dann jedes Mal eine Wurzel zu zerkleinern. Praktischer ist es, eine größere Menge Ingwermark herzustellen und bis zum Gebrauch zu lagern. Das Mark hält sich luftdicht verschlossen vier bis sechs Wochen im Kühlschrank oder lässt sich in einem Eiswürfelbehälter einfrieren. Hierzu jeweils einen Teelöffel Ingwermark in eine Eiswürfelvertiefung geben und im Gefrierfach fest werden lassen. Dann aus dem Behälter nehmen und in einer Gefriertüte verpackt einfrieren. Nach Bedarf entnehmen und unaufgetaut an Currys oder Eintöpfe geben.

Etwa 200 g frische Ingwerwurzel schälen, in eine Küchenmaschine oder einen Mixer geben und pürieren. Bei Bedarf etwas Wasser hinzufügen, um die Konsistenz zu verbessern.

KÜCHENTIPPS

- Gemahlener Ingwer ist häufig Bestandteil von Gewürzmischungen, etwa dem chinesischen Fünf-Gewürze-Pulver oder Einmachgewürzen.
- Ingwer ergibt zusammen mit gemahlenem schwarzem Pfeffer, frischem oder getrocknetem Salbei und Rosmarin eine delikate Würzmischung für Geflügel.
- Für einen aromatischen Tee geben Sie etwas getrockneten Ingwer in kochendes Wasser.
- Frischer Ingwer findet sich zusammen mit Knoblauch und Zwiebeln vor allem in Wok-Gerichten, fernöstlichen, indischen und arabischen Speisen. Inzwischen erfreut er sich auch im Westen wachsender Beliebtheit, wo man häufig Marinaden, Fisch und Geflügel damit würzt.

MIT INGWER KOCHEN

Wenn Sie Ingwer für ein pfannengerührtes Gericht benötigen: den Wok erhitzen und Öl hinzufügen. Gehackten oder geriebenen Ingwer mit übrigen Zutaten in das heiße Öl geben und rühren, bis der Ingwer goldbraun ist.

Ingwersaft aus frischen Ingwerwurzeln eignet sich gut für Marinaden, Saucen und Salatdressings. Hierzu fein gehackten oder geriebenen Ingwer durch eine Knoblauchpresse drücken und den Saft in einer Schale auffangen.

Für eine einfache Currypaste frischen Ingwer mit Knoblauch, Chili und etwas Wasser im Mixer pürieren.

Schnelle Desserts

- Eine frische Melone würfeln und I EL gehackte Ingwersprossen in Sirup zusammen mit etwas von dem Sirup darunter mengen.
- Ingwersprossen hacken und über pochierte Früchte wie Pfirsiche, Birnen oder Äpfel geben.

- Ein Stück Ingwersprosse sehr fein hacken und unter eine Kuchen- oder Plätzchenglasur rühren.
- Geschlagene Sahne mit etwas fein gehackter Ingwersprosse aromatisieren und zu Obstsalat, Früchteauflauf oder Pudding reichen.
- Etwas kandierten Ingwer fein hacken und an eine Tortenfüllung geben.
- Etwas Ingwersprosse oder kandierten Ingwer fein hacken und unter geschlagene Sahne mischen. Als Füllung für Baisers verwenden.

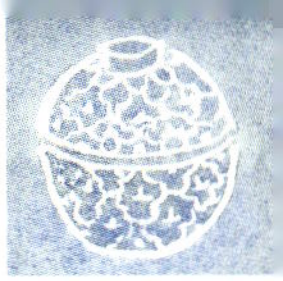

MIT INGWER AROMATISIEREN

- Gemahlenen und kandierten Ingwer verwendet man für Lebkuchen und Ingwerplätzchen.

- In Sirup eingelegter Ingwer eignet sich als Aromazutat für Gebäck und kann an Eiscremes und andere Desserts gegeben werden. Er ist auch in Saucen und selbst in pikanten Gerichten delikat. Für eingelegten Ingwer werden nur die feinsten und zartesten Sprossen der Ingwerwurzel verarbeitet.

RHABARBER-INGWER-MARMELADE **Ergibt etwa 1,75 kg**

Eine süß-würzige Marmelade, in der Ingwer und Rhabarber eine ideale Verbindung eingehen.

1 EL geriebenen frischen Ingwer mit 1,25 kg geputztem Rhabarber in einen Topf geben. 1 kg Zucker, Schale und Saft einer halben unbehandelten Zitrone sowie zwei geschälte, entkernte und gewürfelte Kochäpfel hinzufügen. Zugedeckt bei schwacher Hitze köcheln lassen, bis sich der Zucker aufgelöst und das Obst Saft abgegeben hat. Wenn der Zucker vollständig aufgelöst ist, Deckel abnehmen und die Marmelade einkochen, bis sie den Gelierpunkt von 107 °C erreicht. Alternativ den Geliertest machen: 1 TL Marmelade auf einen kalten Teller geben, etwas abkühlen lassen und mit dem Finger dagegen drücken: Wenn sich Falten bilden, ist der Gelierpunkt erreicht.

Suppen und Vorspeisen

*Frischer Ingwer ist eine aromatische Bereicherung
für die verschiedensten Vorspeisen.
Er verleiht der schlichtesten Suppe Pfiff
und passt mit seinem ausgeprägten Charakter
vorzüglich zu asiatischen Snacks.*

Pastinaken-Lauch-Suppe

Mit ihrem kräftigen, warmen Ingweraroma ist dies eine ideale Wintersuppe.

Zutaten

2 EL Olivenöl
225 g Lauch, in Scheiben geschnitten
2 EL fein gehackte frische Ingwerwurzel
675 g Pastinaken, grob gehackt
300 ml trockener Weißwein
1,2 l Gemüsebrühe oder Wasser
Salz und frisch gemahlener schwarzer Pfeffer
Saure Sahne zum Garnieren
Paprikapulver edelsüß zum Garnieren

Für 4–6 Personen

Küchentipp

Wer noch mehr Geschmack mag, kann die Suppe auch mit ganz fein gehobeltem frischem Ingwer garnieren.

Das Öl in einem großen Topf erhitzen. Lauch und Ingwer hinzufügen und bei schwacher Hitze 2–3 Minuten dünsten, bis der Lauch weich wird. Die Pastinaken dazugeben und weitere 7–8 Minuten garen. Wein, Brühe oder Wasser dazugießen, zum Kochen bringen. Bei schwacher Hitze 20–30 Minuten köcheln lassen, bis die Pastinaken weich sind. In einem Mixer zu einer glatten Suppe pürieren. Abschmecken, nochmals erhitzen und mit einem Klecks saurer Sahne und etwas Paprikapulver garnieren.

Bunte Thai-Suppe

In dieser scharf gewürzten Suppe sorgt Ingwer für eine frische Brise.

ZUTATEN

2 Hähnchenbrüste mit Knochen
1/2 Würfel Hühnerbrühe
400 g Kokosmilch aus der Dose
1 Stück Zitronengras (7 cm)
1 EL gehackte frische Ingwerwurzel
2 Knoblauchzehen, zerdrückt
2 EL gehackte Korianderwurzel
2–3 kleine rote Chilischoten, entkernt und fein gehackt
2 EL Fischsauce
5 TL Zucker, 1/2 TL Salz
2 Limonenblätter
225 g frische oder gekochte Garnelen, geschält und entdarmt
Saft von 1 Limette
4 Korianderzweige, gehackt, zum Garnieren
2 Frühlingszwiebeln, nur grüne Teile, in Scheiben geschnitten, zum Garnieren
4 große rote Chilischoten, in Ringe geschnitten, zum Garnieren

FÜR 4–6 PERSONEN

Die Hähnchenbrüste in einen großen Topf geben und knapp mit kaltem Wasser bedecken. Den Brühwürfel hinzufügen und die Flüssigkeit zum Kochen bringen. Die Hitze reduzieren und 45 Minuten köcheln lassen. Anschließend die Hähnchenbrüste herausnehmen und die Brühe beiseite stellen. Die Hähnchenbrüste enthäuten, entbeinen und das Fleisch in Streifen schneiden. Das Fleisch wieder zur Brühe geben, die Kokosmilch hinzufügen und leise köcheln lassen. Das Zitronengras fein hacken und zusammen mit Ingwer, Knoblauch, Koriander und Chilischoten in eine Schüssel geben. Gut vermischen und mit der Fischsauce, Zucker, Salz und Limonenblättern in den Topf geben. Weitere 20 Minuten köcheln lassen. Kurz vor dem Servieren die Garnelen und den Limettensaft hinzufügen. 5 Minuten leise köcheln lassen. Mit Koriander, Frühlingszwiebeln und Chiliringen garnieren.

Chinesische Hähnchenflügel

Dieses Gericht genießt man am besten mit den Fingern als ersten Gang. Halten Sie genügend Servietten bereit.

ZUTATEN

12 Hähnchenflügel
3 Knoblauchzehen, zerdrückt
2 EL geriebene frische Ingwerwurzel
Saft von 1 großen Zitrone
3 EL Sojasauce
3 EL flüssiger Honig
1/2 TL Chilipulver
150 ml Hühnerbrühe
Salz und frisch gemahlener schwarzer Pfeffer
Zitronenspalten zum Garnieren

FÜR 4 PERSONEN

KÜCHENTIPP

Sie können anstelle der Hähnchenflügel auch Brüste oder Keulen verwenden. Dann Bratzeit verlängern, bis klarer Fleischsaft austritt, wenn man das Fleisch ansticht.

Die Spitzen von den Flügeln entfernen und für die Hühnerbrühe verwenden. Die Flügel am Gelenk durchschneiden. Knoblauch, Ingwer, Zitronensaft, Sojasauce, Honig und Chili vermischen und die Flügel darin wenden. Mit Salz und Pfeffer würzen, mit Frischhaltefolie abdecken und über Nacht im Kühlschrank marinieren.

Backofen auf 220 °C (Umluft 200 °C) vorheizen. Die Flügel aus der Marinade nehmen und in einer Lage in einen Bräter geben. 20–25 Minuten braten, dabei mindestens zweimal mit Marinade bestreichen. Die Flügel auf einer Servierplatte anrichten. Die Marinade im Bräter mit Hühnerbrühe aufgießen und zu einer dicklichen Sauce einkochen. Etwas Sauce über die Flügel träufeln. Mit Zitronenspalten garnieren.

Erdnuss-Ingwer-Kroketten

Servieren Sie diese würzigen Reisbällchen als Snack oder Vorspeise zusammen mit einem knackigen grünen Salat und einer Sauce zum Dippen.

ZUTATEN

1 Knoblauchzehe, zerdrückt
1 EL fein gehackte frische Ingwerwurzel
1/4 TL gemahlener Kurkuma
1 TL Zucker
1 TL Chilisauce
2 TL Fisch- oder Sojasauce
2 EL gehacktes Koriandergrün
Saft von 1/2 Limette
120 g Langkornreis, gegart
50 g ungesalzene Erdnüsse, gehackt
150 ml Pflanzenöl zum Frittieren

ERGIBT 16 REISKROKETTEN

Knoblauch, Ingwer und Kurkuma zerstoßen. Zucker, Salz, Chili- und Fisch- oder Sojasauce, Koriander, Limettensaft und 3/4 vom Reis hinzufügen und alles zu einer glatten Masse zerstoßen.

Restlichen Reis untermischen. Mit feuchten Händen etwa daumendicke Bällchen drehen und gleichmäßig in den Erdnüssen wenden.

In einer Fritteuse oder einem großen Topf das Öl erhitzen. Ein Tablett mit Küchenpapier auslegen. Die Bällchen portionsweise knusprig frittieren, mit einem Schaumlöffel aus dem Öl nehmen und auf Küchenpapier abtropfen lassen.

Fisch und Meeresfrüchte

Kombiniert mit anderen aromatischen Ingredienzen wie Zitronengras, Limetten und Koriander sorgt Ingwer für eine frische Note in Marinaden und verleiht Saucen für Fisch und Krustentiere eine pikante Würze.

Fisch mit Mango-Ingwer-Dressing

Das raffinierte Dressing für diesen Salat verbindet das satte Aroma von Mangos mit Ingwer, scharfem Chili und Limette.

Zutaten

1 Baguette
4 Meerbarben oder Red Snapper, je etwa 275 g
1 EL Pflanzenöl
1 Mango
1 EL geriebene frische Ingwerwurzel
1 frische rote Chilischote, entkernt und fein gehackt
2 EL Limettensaft
2 EL gehacktes Koriandergrün
175 g junger Spinat
175 g Kirschtomaten, halbiert, zum Garnieren

Für 4 Personen

Küchentipp

Für dieses Rezept eignen sich auch Lachs, Seeteufel, Tunfisch, Seebarsch und Heilbutt.

Backofen auf 180 °C (Umluft 160 °C) vorheizen. Baguette in mundgerechte Stücke schneiden. Auf ein Backblech legen und 15 Minuten rösten. Den Grill vorheizen. Den Fisch auf jeder Seite mehrmals einschneiden und mit Öl bestreichen. Etwa 6 Minuten grillen, dabei einmal wenden. Eine Hälfte der Mango in Scheiben schneiden. Die andere Hälfte in einem Mixer pürieren. Ingwer, Chili, Limettensaft und Koriander hinzufügen und glatt rühren. Mit 2–3 EL Wasser verdünnen. Den Spinat waschen, trockentupfen und auf Tellern anrichten.

Den Fisch auf die Blättern legen, mit Mango-Dressing beträufeln. Mit Mangoscheiben, Tomatenhälften und Baguette servieren.

Gegrillter Red Snapper mit Mango-Salsa

Koriander, Ingwer und Chili ergänzen den fruchtigen Mango-Geschmack in dieser tropischen Salsa.

Zutaten

350 g Frühkartoffeln
3 Eier
120 g grüne Bohnen, geputzt und halbiert
4 Red Snapper, je etwa 350 g, geschuppt und ausgenommen
2 EL Olivenöl
175 g gemischte Salatblätter, etwa Frisée- oder Eisbergsalat
8 Kirschtomaten
Salz, frisch gemahlener schwarzer Pfeffer

Für die Salsa

3 EL gehacktes Koriandergrün
1 mittelgroße reife Mango, geschält, entsteint und gewürfelt
1/2 rote Chilischote, entkernt und gehackt
1 EL geriebene frische Ingwerwurzel
Saft von 2 Limetten
1 kräftige Prise Selleriesalz

Für 4 Personen

Die Kartoffeln in 20 Minuten gar kochen. Abermals Salzwasser zum Kochen bringen und die Eier hineingeben. Nach 4 Minuten die Bohnen hinzufügen und 6 Minuten garen. Eier herausnehmen, abschrecken, schälen und vierteln. Den Grill auf mittlerer Hitze vorheizen. Die Fische auf jeder Seite mehrmals einschneiden, mit Öl bestreichen und 12 Minuten grillen, dabei einmal wenden. Für die Salsa alle Zutaten zu einer glatten Paste pürieren.

Die Salatblätter auf Tellern anrichten. Den Fisch darauf legen, nach Belieben würzen. Kartoffeln und Tomaten halbieren und mit Bohnen und Ei rings um den Fisch arrangieren. Die Salsa dazu reichen.

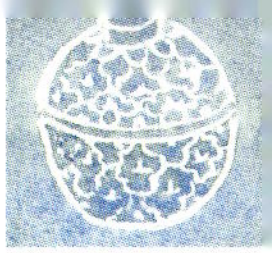

Jakobsmuscheln mit Ingwer-Relish

Geschmackvoll kombiniert: Mit Sternanis gewürzte Jakobsmuscheln und ein erfrischend scharfes Ingwer-Relish.

ZUTATEN

8 große oder kleine Jakobsmuscheln
4 Stück Sternanis
2 EL Butter, Salz und frisch gemahlener weißer Pfeffer
Kerbel und Sternanis zum Garnieren

FÜR DAS RELISH

1/2 Salatgurke, geschält, Salz
2 EL frische Ingwerwurzel
2 TL extrafeiner Zucker
3 EL Reisweinessig, 2 TL Ingwersaft
Ingwersprossen
Sesamsamen

FÜR 4 PERSONEN

Für das Relish die Gurke längs halbieren und die Kerne herausschaben. Die Gurke in Stücke schneiden, in ein Sieb geben und mit Salz bestreuen. 30 Minuten stehen lassen.

Muscheln in Scheiben schneiden, Sternanis in einem Mörser grob zerstoßen. Muschelscheiben mit dem Rogen, dem Sternanis und den Gewürzen 1 Stunde ziehen lassen. Die Gurke abspülen und trockentupfen. Ingwer in feine Julienne-Streifen schneiden und mit den restlichen Zutaten für das Relish vermischen. Abdecken und kalt stellen. In einem Wok die Butter zerlassen und die Muschelscheiben in 2–3 Minuten unter Rühren braten. Anrichten und mit Kerbelzweigen und Sternanis garnieren. Das Gurkenrelish mit Sesam bestreuen.

Meeresfrüchte-Kebabs

Dem Duft dieser köstlich marinierten Spieße können Sie garantiert nicht widerstehen. Die Marinade passt ebenso gut zu Huhn und Schweinefleisch.

Zutaten

500 g Garnelen und in Würfel geschnittener Seeteufel
Geputztes Gemüse nach Belieben, etwa rote, grüne oder gelbe Paprikaschoten, Zucchini, junge Champignons, rote Zwiebeln, Lorbeerblätter und Kirschtomaten

Für die Marinade

3 Limetten
1 EL grüne Kardamomkapseln
1 Zwiebel, fein gehackt
1 EL geriebene frische Ingwerwurzel
1 große Knoblauchzehe, zerdrückt
3 EL Olivenöl

Für 4–6 Personen

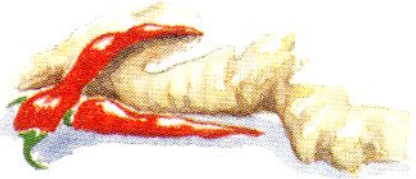

Für die Marinade die Schale einer Limette fein abreiben und alle Limetten auspressen. Die Kardamomkapseln öffnen, die Samen herausnehmen und in einem Mörser zerstoßen oder mit dem Rücken eines schweren Messers zerdrücken.

Limettenschale und -saft, Kardamom, Zwiebel, Ingwer, Knoblauch und Olivenöl in eine Schüssel geben und gut verrühren. Die Marinade über den Fisch und die Garnelen gießen. Alles vorsichtig vermengen, abdecken und an einem kühlen Ort 2–3 Stunden ziehen lassen.

Abwechselnd Garnelen, Fisch, Gemüse und Lorbeerblätter auf Grillspieße stecken. Bei schwacher Hitze grillen, dabei gelegentlich mit Marinade bestreichen, bis Garnelen, Fisch und Gemüse gerade gar und gebräunt sind. Sofort servieren.

Fleisch und Geflügel

Ingwer passt besonders gut zu Huhn, sein frisches Aroma und seine warme Schärfe lassen sich aber auch hervorragend mit Rindfleisch, Lamm und Schweinefleisch kombinieren.

Thai-Huhn mit Gemüse

Ingwer und Zitronengras geben diesem pfannengerührten Gericht das typisch thailändische Aroma.

Zutaten

1 Stück Zitronengras, 2 EL Öl
1 EL geriebene frische Ingwerwurzel
1 große Knoblauchzehe, gehackt
275 g Hähnchenfleisch, in schmale Streifen geschnitten
Je 1/2 rote und grüne Paprikaschote in Streifen geschnitten
4 Frühlingszwiebeln, gehackt
2 Möhren, klein geschnitten
120 g feine grüne Bohnen
2 EL Austernsauce, 1 Prise Zucker
Salz und schwarzer Pfeffer
25 g gesalzene Erdnüsse, zerdrückt, Koriandergrün zum Garnieren

Für 4 Personen

Küchentipp

Wer es schärfer mag, kann natürlich auch etwas mehr Ingwer verwenden.

Zitronengras in dünne Streifen schneiden. Das Öl in einer Pfanne bei starker Hitze heiß werden lassen. Zitronengras, Ingwer und Knoblauch dazugeben und unter Rühren in 30 Sekunden bräunen. Das Fleisch hinzufügen und weitere 2 Minuten ununterbrochen rühren. Das Gemüse in die Pfanne geben und 4–5 Minuten weiterrühren, bis das Fleisch gar ist und das Gemüse noch etwas Biss hat. Die Austernsauce hinzufügen, mit Zucker, Salz und Pfeffer abschmecken und eine weitere Minute rühren, bis alles gut vermischt ist. Erdnüsse und Koriandergrün darüber streuen und sofort servieren. Dazu Basmatireis reichen.

Hühnchen mit buntem Couscous

In jedem Land Nordafrikas bereitet man Couscous etwas anders zu. Bei diesem Gericht duften Sauce und Körner verführerisch nach Zimt und Ingwer.

Zutaten

2 EL Sonnenblumenöl
4 Hühnchenteile
2 Zwiebeln, fein gehackt
2 Knoblauchzehen, zerdrückt
1 EL geriebene frische Ingwerwurzel
1/2 TL gemahlener Zimt
1/4 TL gemahlener Kurkuma
2 EL frisch gepresster Orangensaft
2 TL flüssiger Honig
Salz, frisch gemahlener schwarzer Pfeffer
Frische Minzezweige zum Garnieren

Für den Couscous

350 g Couscous, 1 TL Salz
2 TL extrafeiner Zucker
2 EL Sonnenblumenöl
1/2 TL gemahlener Zimt
1/2 TL gemahlener Ingwer
2 EL Sultaninen
50 g Mandeln, abgezogen
3 EL gehackte Pistazien

Für 4 Personen

Das Öl in einer großen Pfanne erhitzen, Hähnchenteile mit der Haut nach unten hineinlegen. 3–4 Minuten anbraten, bis die Haut gebräunt ist, und anschließend wenden.

Zwiebeln, Knoblauch, Ingwer, Gewürze und eine Prise Salz hinzufügen. Orangensaft und 300 ml Wasser dazugießen. Zugedeckt zum Kochen bringen, Hitze reduzieren und etwa 30 Minuten köcheln lassen.

Inzwischen den Couscous mit dem Salz in eine Schüssel geben und mit 350 ml Wasser bedecken. Umrühren und 5 Minuten quellen lassen. Zucker, 1 EL Öl, Zimt, Ingwer und Sultaninen hinzufügen und gut verrühren. Die Mandeln hacken. 1 EL Öl in einer Pfanne erhitzen und die Mandeln darin hellbraun rösten. Zusammen mit den Pistazien unter den Couscous rühren. Einen Dämpfeinsatz mit Pergamentpapier auslegen und den Couscous hineingeben. Den Einsatz auf die Pfanne mit dem Huhn oder auf einen Topf mit kochendem Wasser setzen und den Couscous 10 Minuten dämpfen. Den Dämpfeinsatz abnehmen und zudecken. Den Honig in die Flüssigkeit in der Pfanne rühren und 3–4 Minuten kochen lassen. Den Couscous auf einer vorgewärmten Servierplatte anrichten. Das Huhn mit etwas Sauce beträufeln und obenauf legen. Mit Minzezweigen garnieren und restliche Sauce dazu reichen.

Nudelpfanne mit Huhn und Ingwer

Ein farbenfrohes südostasiatisches Gericht, das schnell zuzubereiten ist und gut schmeckt.

Zutaten

275 g chinesische Eiernudeln
2 EL Pflanzenöl
3 Frühlingszwiebeln, gehackt
1 Knoblauchzehe, zerdrückt
1 EL geriebene frische Ingwerwurzel
1 TL Rosenpaprika
1 TL gemahlener Koriander
3 Hähnchenbrüste, entbeint, in Streifen geschnitten
115 g Zuckererbsen, geputzt
115 g Babymais, halbiert
225 g frische Sojabohnensprossen
1 EL Speisestärke
3 EL Sojasauce
3 EL frisch gepresster Zitronensaft
1 EL Zucker
3 EL gehacktes Koriandergrün oder Spitzen von Frühlingszwiebeln zum Garnieren

Für 4 Personen

Wasser in einen großen Topf geben, salzen und zum Kochen bringen. Nudeln hineingeben und garen. Abtropfen lassen, zudecken und warm halten. In einer großen Pfanne oder einem Wok das Öl erhitzen. Die Frühlingszwiebeln hinzufügen und bei schwacher Hitze 1–2 Minuten dünsten. Knoblauch, Ingwer, Paprika und Koriander dazugeben und gut vermischen. Die Hühnerstreifen hinzufügen und unter Rühren 3–4 Minuten anbraten. Anschließend Zuckererbsen, Babymais und Sojabohnensprossen unterrühren und kurz andünsten. Die Nudeln hinzufügen. In einer kleinen Schüssel die Speisestärke mit Sojasauce, Zitronensaft und Zucker anrühren. In die Pfanne geben und unter ständigem Rühren kurz einkochen lassen. Mit gehacktem Koriandergrün oder Spitzen von Frühlingszwiebeln garnieren und servieren.

Huhn Biryani

Für besondere Anlässe eignet sich diese üppige indische Reistafel mit Huhn und Tomaten, die unwiderstehlich gewürzt ist.

Zutaten

275 g Basmatireis
5 ganze grüne Kardamomkapseln
1/2 TL Salz, 2–3 ganze Nelken
1 Zimtstange, 3 EL Pflanzenöl
3 Zwiebeln
675 g Hähnchenfleisch,
1/4 TL gemahlene Nelken
1/2 TL gemahlener Kardamom
1/4 TL scharfes Chilipulver
Je 1 TL gemahlener Kreuzkümmel und Koriander
1/2 TL gemahlener schwarzer Pfeffer
3 Knoblauchzehen, fein gehackt
1 EL gehackte frische Ingwerwurzel
Saft von 1 Zitrone
4 Tomaten
2 EL gehacktes Koriandergrün
150 ml Naturjoghurt
1/2 TL Safranfäden
3 EL geröstete Mandelblättchen sowie Koriandergrün zum Garnieren

Für 4 Personen

Den Backofen auf 190 °C (Umluft 170 °C) vorheizen. Wasser in einem Topf zum Kochen bringen. Reis, Salz, Kardamomkapseln, Nelken und die Zimtstange hineingeben und 2 Minuten kochen lassen. Abtropfen lassen, die Gewürze im Reis belassen.

In einer Pfanne das Öl erhitzen und die in Ringe geschnittenen Zwiebeln 8 Minuten braten, bis sie gebräunt sind. Das Hähnchenfleisch enthäuten, entbeinen und in Würfel schneiden. In die Pfanne geben. Alle gemahlenen Gewürze, Knoblauch, Ingwer und Zitronensaft hinzufügen. Unter ständigem Rühren 5 Minuten anbraten.

Die Mischung in einen Schmortopf füllen und mit den in Scheiben geschnittenen Tomaten belegen. Koriandergrün darüber streuen, den Joghurt gleichmäßig darüber verteilen und mit dem abgetropften Reis bedecken. Den Safran in 2 TL heißer Milch einweichen und über den Reis träufeln. Zuletzt 150 ml Wasser darüber gießen.

Den Topf gut zudecken und 1 Stunde im Ofen garen. Auf einer vorgewärmten Servierplatte anrichten, dabei die ganzen Gewürze aus dem Reis entfernen. Mit gerösteten Mandelblättchen und Koriandergrün garnieren. Nach Belieben Joghurt dazu reichen.

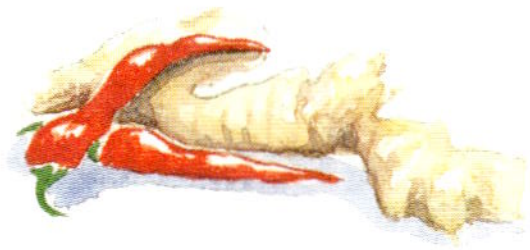

Chinesisches Rindfleisch

Mit geröstetem Sesam und frischem Ingwer wird Rindfleisch zu einer fernöstlichen Delikatesse.

ZUTATEN

450 g Rumpsteak
2 EL Sesamsamen
1 EL Sesamöl
2 EL Pflanzenöl
120 g kleine Champignons, in Viertel geschnitten
1 große grüne Paprikaschote, Samen und Scheidewände entfernt, in Würfel geschnitten
4 Frühlingszwiebeln, diagonal in Stücke geschnitten

FÜR DIE MARINADE:
2 TL Speisestärke
2 EL Reiswein oder Sherry
1 EL frisch gepresster Zitronensaft
1 EL Sojasauce
Einige Tropfen Tabascosauce
1 EL geriebene frische Ingwerwurzel
1 Knoblauchzehe, zerdrückt

FÜR 4 PERSONEN

Das Steak von Haut und Sehnen befreien und in dünne Streifen schneiden. Sesam in einer großen Pfanne ohne Fett bei mittlerer Hitze rösten, bis die Samen hellgolden sind; Pfanne gelegentlich schwenken. Beiseite stellen.

Für die Marinade Speisestärke mit Reiswein oder Sherry anrühren. Zitronensaft, Sojasauce, Tabascosauce, Ingwer und Knoblauch unterrühren. Das Fleisch sorgfältig darin wenden. 1–2 Stunden marinieren.

Beide Ölsorten in einer Pfanne erhitzen. Das Fleisch abtropfen lassen und die Marinade auffangen. Die Fleischstreifen portionsweise braten. Aus der Pfanne nehmen und warm halten. Das Gemüse in die Pfanne geben und 2–3 Minuten unter Wenden anbraten. Herausnehmen und warm halten. Restliche Marinade in die Pfanne geben und unter Rühren zu einer dicklichen Sauce einkochen. Fleisch und Gemüse hinzufügen und nochmals erhitzen. Mit Reis oder chinesischen Nudeln servieren.

Indonesische Reispfanne

Dieses Gericht ist auch unter dem Namen Nasi Goreng bekannt. Es eignet sich bestens zur Resteverwertung. Hauptbestandteil ist Reis; Chilischoten und Ingwer sorgen für Farbe und Würze.

Zutaten

3 Eier, 4 EL Pflanzenöl
6 Schalotten oder 1 große Zwiebel, gehackt
2 Knoblauchzehen, zerdrückt
1 EL gehackte frische Ingwerwurzel
3 kleine rote Chilischoten, entkernt und gehackt
1 EL Fischsauce
1/2 TL gemahlener Kurkuma
2 EL Kokoscreme
Saft von 2 Limetten
2 TL Zucker
350 g mageres Schweinefleisch, in Streifen geschnitten
350 g frische oder gekochte Garnelenschwänze
175 g Sojabohnensprossen
175 g Chinakohl, in Streifen geschnitten
115 g tiefgekühlte Erbsen, aufgetaut
250 g Langkornreis, gegart
Salz
Gehacktes Koriandergrün zum Garnieren

Für 4–6 Personen

Die Eier in einer Schüssel mit einer Prise Salz verquirlen. Eine beschichtete Pfanne bei mittlerer Hitze heiß werden lassen. Die Eier hineingeben und die Pfanne schwenken, so dass die Eimasse eine dünne Schicht bildet. Garen, bis die Eischicht fest ist, dann straff aufrollen, dünne Scheiben abschneiden, abdecken und beiseite stellen. In einem Wok 1 EL Öl erhitzen und die Schalotten oder die Zwiebel gleichmäßig bräunen. Aus der Pfanne nehmen, beiseite stellen und warm halten.

Die restlichen 3 EL Öl im Wok erhitzen. Knoblauch, Ingwer und Chillies hinzufügen und weich dünsten, aber nicht bräunen. Fischsauce, Kurkuma, Kokoscreme, Limettensaft und Zucker dazugeben und mit Salz abschmecken. Bei mittlerer Hitze alles kurz verrühren. Fleisch und Garnelen hinzufügen und 3–4 Minuten braten.

Sojabohnensprossen, Chinakohl und Erbsen in der Mischung wenden und kurz garen. Den Reis hinzufügen und 6–8 Minuten unter ständigem Rühren braten, dabei darauf achten, dass er nicht anbrennt. Die Mischung auf einer großen Servierplatte anrichten. Mit den Omelettestreifen, den gebratenen Schalotten und gehacktem Koriandergrün garnieren.

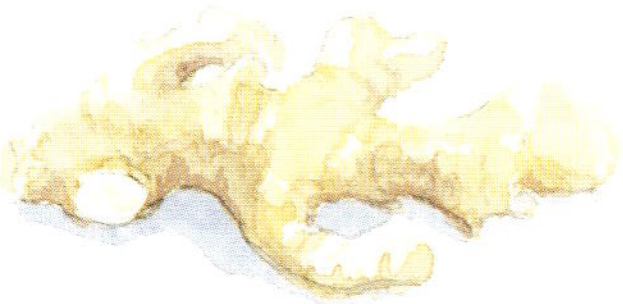

Rinderfiletstreifen mit Orangen und Ingwer

Zartes Rindfleisch, scharfer Ingwer und knackige Möhren verbinden sich hier zu einem ebenso einfachen wie schmackhaften Pfannengericht.

ZUTATEN

450 g Rumpsteak oder Rinderfilet, in dünne Streifen geschnitten
Fein abgeriebene Schale und Saft von 1 unbehandelten Orange
1 EL milde Sojasauce
1 TL Speisestärke
1 EL fein gehackte Ingwerwurzel
2 TL Sesamöl
1 große Möhre, in Stifte geschnitten
2 Frühlingszwiebeln, in dünne Scheiben geschnitten

FÜR 4 PERSONEN

Die Fleischstreifen in eine Schüssel geben und Orangenschale und -saft darüber verteilen. Das Fleisch mindestens 30 Minuten zum Marinieren stehen lassen.

Die Flüssigkeit abgießen und beiseite stellen. Das Fleisch sorgfältig mit Sojasauce, Speisestärke und Ingwer vermischen.

In einem Wok oder einer großen Pfanne das Öl erhitzen und das Fleisch hineingeben. 1 Minute unter Rühren anbraten, bis es leicht gebräunt ist. Die Möhrenstifte hinzufügen und weitere 2–3 Minuten unter ständigem Rühren braten.

Die Frühlingszwiebeln und die zurückbehaltene Flüssigkeit dazugeben und unter Rühren zu einer Sauce einkochen. Heiß servieren und Reisnudeln oder Reis dazu reichen.

KÜCHENTIPP

Große Wok-Deckel sind unhandlich und in einer kleinen Küche oft schwer unterzubringen. Legen Sie einfach anstelle eines Deckels einen Kreis aus Pergamentpapier auf den Wok, damit die Flüssigkeit beim Garen nicht verdampft.

Würziger Lammtopf

Dieses aromatische Lammgericht ist ideal für eine ungezwungene Abendgesellschaft. Sein Geheimnis liegt in dem langsamen, schonenden Garvorgang und einer raffinierten Würzmischung.

ZUTATEN

2–3 EL Öl
1,5 kg Lammkeule, entbeint und in Würfel geschnitten
1 Zwiebel, gehackt
1 EL geriebene frische Ingwerwurzel
1 Knoblauchzehe, zerdrückt
1 TL Fünf-Gewürze-Pulver
2 EL Hoisin-Sauce
1 EL milde Sojasauce
300 ml passierte Tomaten
250 ml Lammbrühe
Je 1 rote und gelbe Paprikaschote, Samen und Scheidewände entfernt, gewürfelt
2 EL gehacktes Koriandergrün
1 EL Sesamsamen, geröstet
Salz und frisch gemahlener schwarzer Pfeffer

FÜR 4 PERSONEN

Den Backofen auf 160 °C (Umluft 140 °C) vorheizen. 2 EL Öl in einem Schmortopf erhitzen und die Fleischwürfel bei starker Hitze portionsweise anbraten. Mit einem Schaumlöffel herausnehmen und beiseite stellen.

Zwiebel, Ingwer und Knoblauch in den Schmortopf geben, bei Bedarf noch etwas Öl hinzufügen. Etwa 5 Minuten dünsten.

Das Lamm wieder in den Topf geben. Fünf-Gewürze-Pulver, Hoisin- und Sojasauce, passierte Tomaten und die Brühe hinzufügen und mit Salz und Pfeffer abschmecken. Zum Kochen bringen und anschließend zugedeckt 1 1/4 Stunden im Ofen schmoren.

Den Topf aus dem Ofen nehmen, die Paprikastücke unterrühren und den zugedeckten Topf weitere 15 Minuten im Ofen lassen, bis das Fleisch zart ist.

Mit Koriandergrün und Sesam bestreuen und heiß servieren.

Vegetarische Gerichte

Das aufregende Ingweraroma verleiht den verschiedensten vegetarischen Gerichten Feuer und Temperament. Es passt ausgezeichnet zu süßlichem Gemüse und intensiviert zusammen mit anderen duftenden Gewürzen den Geschmack von Reis und Körnern.

Blumenkohl-Curry

Ein schmackhaftes Curry, zu dem man am besten braunen Basmati, Fladenbrot oder einen mit Joghurtdressing angemachten Gurkensalat reicht.

Zutaten

2 Knoblauchzehen, gehackt
1 EL gehackte frische Ingwerwurzel
1 frische grüne Chilischote, entkernt und gehackt
1 EL Öl
1 Zwiebel, in Ringe geschnitten
1 große Kartoffel, gewürfelt
2 EL Ghee (geklärte Butter) oder weiche Butter
1 EL Currypulver
1 mittelgroßer Blumenkohl, in kleine Röschen zerteilt
600 ml Gemüsebrühe
2 EL Kokoscreme
Salz und frisch gemahlener schwarzer Pfeffer
285 g dicke Bohnen aus der Dose, mit der Flüssigkeit
Saft von 1/2 Zitrone (nach Belieben)
Gehacktes Koriandergrün oder gehackte Petersilie zum Garnieren

Für 4 Personen

Knoblauch, Ingwer, Chili und Öl in einen Mixer geben und zu einer glatten Paste pürieren. In einer Pfanne Zwiebel und Kartoffel 5 Minuten in Ghee oder Butter anbraten. Die Gewürzpaste und das Currypulver hinzufügen und 1 Minute garen. Blumenkohlröschen unter die Mischung rühren, dann Brühe dazugießen und zum Kochen bringen. Die Kokoscreme hinzufügen und rühren, bis sie schmilzt. Das Curry kräftig abschmecken und zugedeckt 10 Minuten köcheln lassen. Die Bohnen mitsamt der Flüssigkeit dazugeben und weitere 10 Minuten garen. Nochmals abschmecken und nach Belieben einen Schuss Zitronensaft hinzufügen. Mit Koriandergrün oder Petersilie garnieren und heiß servieren.

Kräuter-Crêpes mit Tomaten-Ingwer-Sauce

Diese Crêpes mit einer raffinierten Sauce sind eine herrliche Vorspeise, eignen sich zusammen mit einem knackigen Salat auch als leichtes Mittagessen. Verwenden Sie verschiedene Kräuter wie Petersilie, Thymian und Kerbel.

Zutaten

25 g gemischte frische Kräuter, gehackt
Etwas Sonnenblumenöl
120 ml Milch
3 Eier, 25 g Mehl, 1 Prise Salz

Für die Sauce

2 EL Olivenöl
1 kleine Zwiebel, gehackt
2 Knoblauchzehen, zerdrückt
1 EL geriebene frische Ingwerwurzel
400 g gehackte Tomaten aus der Dose

Für die Füllung

450 g frischer Spinat, 175 g Ricotta
2 EL geröstete Pinienkerne
5 sonnengetrocknete Tomaten, gehackt
2 EL in Streifen geschnittenes frisches Basilikum
Salz, Muskatnuss und frisch gemahlener schwarzer Pfeffer
4 Eiweiß

Für 4 Personen

Für die Crêpes die Kräuter mit 1 EL Öl in einen Mixer geben und pürieren. Milch, Eier, Mehl und Salz hinzufügen und zu einem glatten Teig rühren. 30 Minuten quellen lassen. Eine kleine beschichtete Pfanne erhitzen und etwas Öl hineingeben. Einen Schöpflöffel voll Teig in die Pfanne geben und die Pfanne schwenken, damit der Boden bedeckt ist. Den Teig nach 1–2 Minuten wenden und die andere Seite garen. Auf diese Weise 8 Crêpes zubereiten.

Für die Sauce das Öl in einem kleinen Topf erhitzen. Zwiebel, Knoblauch und Ingwer hinzufügen und bei schwacher Hitze 5 Minuten dünsten. Die Tomaten dazugeben und weitere 10–15 Minuten dünsten, bis eine dickliche Sauce entsteht. In einem Mixer pürieren, durch ein Sieb streichen und beiseite stellen.

Für die Füllung den Spinat waschen und grobe Stiele entfernen. Ohne Wasserzugabe zugedeckt dünsten, bis der Spinat gerade zusammenfällt. Vom Herd nehmen und abschrecken. In ein Sieb legen, das Wasser ausdrücken und die Blätter fein hacken. Den Spinat mit Ricotta, Pinienkernen, getrockneten Tomaten und Basilikum vermischen. Mit Salz, Muskatnuss und Pfeffer abschmecken.

Den Backofen auf 190 °C (Umluft 170 °C) vorheizen. Eiweiß schlagen, bis es steif, aber noch feucht ist. Ein Drittel des Eischnees unter die Spinatmischung heben, dann restlichen Eischnee unterheben. Auf jede Crêpe einen Löffel voll Füllung geben, in Vierteln übereinander klappen und auf ein geöltes Backblech legen. Mit den restlichen Crêpes ebenso verfahren. 10–15 Minuten im Ofen backen, bis die Füllung fest ist. Die Sauce langsam wieder erhitzen und zu den Crêpes reichen.

Champignon-Curry mit Mango-Ingwer-Relish

Ein einfaches, aber köstliches Curry mit einem fruchtig-frischen Relish. Reichen Sie schlichten Basmatireis dazu.

Zutaten

4 Knoblauchzehen, gehackt
1 EL gehackte frische Ingwerwurzel
1–2 rote Chilischoten, entkernt und gehackt, 175 ml kaltes Wasser
1 EL Sonnenblumenöl
Je 1 TL Koriander- und Kreuzkümmelsamen
1 TL gemahlener Kreuzkümmel
$^1/_2$ TL gemahlener Kardamom
1 Prise gemahlener Kurkuma
400 g gehackte Tomaten aus der Dose
450 g Champignons
225 g Okras, in Scheiben geschnitten
2 EL gehacktes Koriandergrün

Für das Relish

1 Mango, 1 Knoblauchzehe, zerdrückt
1 Zwiebel, fein gehackt
2 TL geriebene frische Ingwerwurzel
1 rote Chilischote, entkernt und gehackt
Je 1 Prise Salz und Zucker

Für 4 Personen

Für das Relish die Mango schälen und das Fruchtfleisch rings um den Kern wegschneiden. Mit einer Gabel oder in einem Mixer pürieren und restliche Zutaten für das Relish darunter mischen. Beiseite stellen. Knoblauch, Ingwer, Chilis und 3 EL Wasser in einen Mixer geben und glatt rühren.

In einer großen Pfanne das Sonnenblumenöl erhitzen. Koriander- und Kurkumasamen hinzufügen und einige Sekunden brutzeln lassen. Gemahlenen Kreuzkümmel, Kardamom und Kurkuma hinzufügen und 1 weitere Minute garen.

Die Gewürzpaste aus dem Mixer sowie Tomaten, restliches Wasser, Champignons und Okras hinzufügen. Alles gut verrühren und zum Kochen bringen. Die Hitze reduzieren und die Mischung zugedeckt 5 Minuten köcheln lassen.

Den Deckel abnehmen, auf etwas stärkere Hitze schalten und noch 5 bis 10 Minuten garen, bis die Okras weich sind. Koriandergrün unterrühren und mit Basmatireis und dem Mango-Ingwer-Relish servieren.

Duftender Thai-Reis

Der betörende Duft von Ingwer und Zitronengras umgibt dieses lockere Reisgericht.

ZUTATEN

1 Stück Zitronengras
2 Limetten
225 g brauner Basmatireis
1 EL Olivenöl
1 Zwiebel, gehackt
1 EL gehackte frische Ingwerwurzel
1 1/2 TL Koriandersamen
1 1/2 TL Kreuzkümmelsamen
700 ml Gemüsebrühe
4 EL gehacktes Koriandergrün
Limettenspalten zum Garnieren

FÜR 4 PERSONEN

Das Zitronengras fein hacken. Mit einer feinen Reibe die Schale von den Limetten entfernen. Reis in kaltem Wasser waschen, bis das Wasser klar abläuft, abtropfen lassen. In einer großen Pfanne das Öl erhitzen. Zwiebel, Ingwer, Gewürze, Zitronengras und Limettenschale darin 2–3 Minuten bei schwacher Hitze dünsten. Reis hinzufügen und 1 Minute garen. Brühe dazugießen und zum Kochen bringen. Die Hitze reduzieren und den Reis zugedeckt 30 Minuten leise köcheln lassen. Ist er noch zu hart, zugedeckt noch 3–5 Minuten weitergaren. Vom Herd nehmen. Koriandergrün einrühren, die Reiskörner auflockern und zugedeckt noch 10 Minuten stehen lassen. Mit Limettenspalten garnieren und heiß servieren.

KÜCHENTIPP

Sie können natürlich auch andere Reissorten verwenden, etwa weißen Basmati oder Patnareis, müssen dann aber die Garzeit entsprechend anpassen.

Würziges Ingwer-Dhal

Splittererbsen sind keineswegs nur eine Suppenzutat, wie dieses von der indischen Küche inspirierte Gericht beweist. Reichen Sie dazu Reis oder indisches Fladenbrot und einen beliebigen Hauptgang.

ZUTATEN

225 g gelbe Splittererbsen
2 Zwiebeln, gehackt
1 großes Lorbeerblatt
600 ml Gemüsebrühe oder Wasser
2 TL schwarze Senfsamen
2 EL Butter, zerlassen
1 Knoblauchzehe, zerdrückt
1 EL geriebene frische Ingwerwurzel
1 kleine grüne Paprikaschote, Samen und Scheidewände entfernt, in Streifen geschnitten
1 TL gemahlener Kurkuma
1 TL Garam Masala oder mildes Currypulver
3 Tomaten, enthäutet und gehackt
Salz und frisch gemahlener schwarzer Pfeffer
Koriandergrün oder frische Petersilie zum Garnieren

FÜR 4–6 PERSONEN

Die Splittererbsen mit einer gehackten Zwiebel und dem Lorbeerblatt in einen Topf geben, Brühe oder Wasser hinzufügen und zugedeckt zum Kochen bringen. Bei schwacher Hitze etwa 25 Minuten köcheln lassen. Gegen Ende der Garzeit mit wenig Salz und Pfeffer würzen. Inzwischen in einer Pfanne die Senfkörner etwa 30 Sekunden in der Butter rösten, bis sie anfangen zu springen. Die zweite Zwiebel, Knoblauch, Ingwer und Paprikastreifen hinzufügen. Etwa 5 Minuten anbraten, bis das Gemüse weich wird. Kurkuma und Garam Masala oder Curry einrühren und noch einige Sekunden garen. Splittererbsen, Tomaten und bei Bedarf etwas Wasser hinzufügen. Zugedeckt 10 Minuten köcheln lassen. Abschmecken, mit Koriandergrün oder Petersilie garnieren und heiß servieren.

Gemüse-Couscous

Eine herzhafte Hauptmahlzeit aus süßem Gemüse und kräftigen Gewürzen.

ZUTATEN

1 kräftige Prise Safranfäden
1 EL Olivenöl
1 rote Zwiebel, in Ringe geschnitten
2 Knoblauchzehen, zerdrückt
1–2 frische rote Chilischoten, entkernt und fein gehackt
1 EL gehackte frische Ingwerwurzel
1/2 TL gemahlener Zimt
400 g gehackte Tomaten aus der Dose
300 ml Gemüsebrühe
4 Möhren, in Scheiben geschnitten
2 weiße Rüben, in Würfel geschnitten
450 g Süßkartoffeln, in Würfel geschnitten
75 g Rosinen
2 Zucchini, in Scheiben geschnitten
400 g Kichererbsen, abgetropft und gewaschen
3 EL gehackte frische Petersilie
3 EL gehacktes Koriandergrün
450 g vorgekochter Couscous

FÜR 4 PERSONEN

Den Safran in eine kleine Schale geben, 3 EL kochend heißes Wasser hinzufügen und etwa 30 Minuten einweichen lassen.

In einem großen Topf das Öl erhitzen. Zwiebel, Knoblauch und Chilis hinzufügen und bei schwacher Hitze 5 Minuten dünsten.

Ingwer und Zimt dazugeben und 1–2 Minuten weitergaren.

Tomaten, Brühe, eingeweichten Safran mitsamt der Flüssigkeit, Möhren, Rüben, Süßkartoffeln und Rosinen hinzufügen und die Mischung 25 Minuten köcheln lassen.

Anschließend Zucchini, Kichererbsen, Petersilie und Koriander in den Topf geben und weitere 10 Minuten garen, bis alle Gemüsesorten weich sind.

In der Zwischenzeit den Couscous nach der Packungsanweisung zubereiten. Zusammen mit dem Gemüse servieren.

Feuriger Bohnentopf

Dieses delikate Gericht ist ganz schnell zubereitet. Die Bohnen kommen aus der Dose.

ZUTATEN

2 EL gehackte frische Ingwerwurzel
3 Knoblauchzehen, grob gehackt
250 ml kaltes Wasser
1 EL Sonnenblumenöl
1 große Zwiebel, in dünne Ringe geschnitten
1 frische rote Chilischote, entkernt und fein gehackt
1/4 TL Cayennepfeffer
2 TL gemahlener Kreuzkümmel
1 TL gemahlener Koriander
1/2 TL gemahlener Kurkuma
2 EL frisch gepresster Zitronensaft
15 g Koriandergrün, gehackt
400 g Augenbohnen aus der Dose, abgetropft und gewaschen
400 g Adzukibohnen aus der Dose, abgetropft und gewaschen
400 g Prinzessbohnen aus der Dose, abgetropft und gewaschen
Salz, frisch gemahlener schwarzer Pfeffer

FÜR 4 PERSONEN

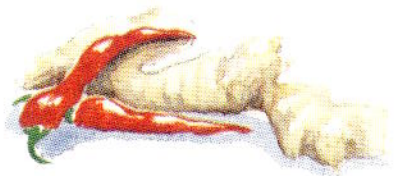

Ingwer mit Knoblauch und 4 EL kaltem Wasser in einen Mixer geben und zu einer glatten Paste pürieren. Beiseite stellen.

In einer Pfanne das Öl erhitzen. Zwiebel und rote Chili hinzufügen und bei schwacher Hitze etwa 5 Minuten dünsten.

Cayennepfeffer, Kreuzkümmel, gemahlenen Koriander und Kurkuma dazugeben und 1 Minute unter Rühren anbraten.

Die Ingwer-Knoblauch-Paste aus dem Mixer untermischen und noch 1 Minute garen, dabei ständig rühren, damit nichts ansetzt.

Restliches Wasser, Zitronensaft und Koriandergrün dazugeben, alles gut verrühren und zum Kochen bringen. Zugedeckt 5 Minuten köcheln lassen.

Zum Schluss sämtliche Bohnen dazugeben und noch 5–10 Minuten weitergaren. Mit Salz und Pfeffer abschmecken und servieren.

Kuchen und Desserts

Ingwersprossen in Sirup und frisch geriebene Ingwerwurzel verleihen Obstdesserts und Eiscreme einen erfrischenden, besonderen Biss. Kuchen und Gebäck erhalten durch gemahlenen Ingwer einen warmen, weichen Charakter.

Goldenes Ingwer-Kompott

Ein klassisches Winterdessert: warm, würzig und voll sonnengereifter Zutaten.

ZUTATEN

200 g Kumquats
200 g getrocknete Aprikosen
2 EL Sultaninen
400 ml Wasser
1 unbehandelte Orange
1 EL geriebene frische Ingwerwurzel
4 grüne Kardamomkapseln
4 Gewürznelken
2 EL flüssiger Honig
1 EL geröstete Mandelblättchen

FÜR 4 PERSONEN

Die Kumquats waschen und große Früchte halbieren. Zusammen mit den Aprikosen, den Sultaninen und dem Wasser in einen Topf geben. Zum Kochen bringen. Die Orange dünn schälen und die Schale dazugeben. Ingwer hinzufügen. Die Kardamomkapseln leicht zerdrücken und zusammen mit den Nelken in den Topf geben. Die Hitze reduzieren und die Mischung zugedeckt etwa 30 Minuten köcheln lassen, bis die Früchte weich sind, dabei gelegentlich umrühren. Die Orange auspressen und den Saft unter das Kompott rühren. Mit Honig abschmecken. Das Kompott mit Mandelblättchen garnieren und warm servieren.

KÜCHENTIPP

Verwenden Sie verzehrfertige getrocknete Aprikosen. Reduzieren Sie dann die Flüssigkeitsmenge auf 300 ml und geben Sie die Aprikosen erst 5 Minuten vor Ende der Garzeit zu.

Mango-Ingwer-Mousse

Das süße, zart parfümierte Aroma reifer Mangos harmoniert besonders gut mit Ingwer. Beides kommt in diesem kalorienarmen Nachtisch ideal zur Geltung.

ZUTATEN

3 reife Mangos
3 Stück Ingwersprossen in Sirup
3 EL Ingwersprossensirup
75 g Seidentofu
3 Eiweiß
6 Pistazien, gehackt

FÜR 6 PERSONEN

Die Mangos halbieren und die Kerne entfernen. Das Fruchtfleisch schälen und grob hacken. Zusammen mit Ingwer, Sirup und Tofu in einen Mixer geben und zu einer glatten Creme pürieren. In eine Schüssel füllen. Eiweiß zu weichem Schnee schlagen und locker unter die Mangocreme heben.
Die Creme auf große Dessertteller oder -schalen verteilen und kalt stellen. Mit gehackten Pistazien garnieren und gut gekühlt servieren.

VARIATION

Sie können dieses Dessert auch angefroren servieren. Die Pistazien dann erst vor dem Servieren darüber streuen.

KÜCHENTIPP

Schwangere, Babys und Kleinkinder sowie alte und kranke Menschen sollten kein rohes Eiweiß essen.

Wassermelonen-Ingwer-Grapefruit-Salat

Im Sommer ist dieses leichte, mit Ingwer aromatisierte Obstdessert eine willkommene Erfrischung .

ZUTATEN

500 g Fruchtfleisch einer Wassermelone
2 rote oder rosa Grapefruits
2 Stück Ingwersprossen in Sirup
2 EL Ingwersprossensirup

FÜR 4 PERSONEN

Die Melone entkernen und in mundgerechte Würfel schneiden. Die Schale und weiße Haut der Grapefruits mit einem kleinen scharfen Messer sorgfältig abschälen und die Fruchtspalten vorsichtig aus der Haut lösen. Dabei über einer Schüssel arbeiten, um den Saft aufzufangen. Ingwersprossen fein hacken und mit den Melonen- und Grapefruitstücken in eine Schüssel geben. Aufgefangenen Saft hinzufügen. Ingwersirup darüber träufeln und vor dem Servieren kurz durchmischen.

KÜCHENTIPP

Mischen Sie den Salat behutsam durch, da die Grapefruitstücke sonst brechen und das Dessert nicht mehr so hübsch aussieht.

Gestürzter Gewürzkuchen

Dieser gehaltvolle, aromatische Kuchen geht ganz schnell und sieht dabei umwerfend aus.

ZUTATEN

Sonnenblumenöl zum Einfetten
1 EL brauner Zucker
4 mittelgroße Pfirsiche, halbiert und entkernt, oder Pfirsichhälften aus der Dose
8 Walnusshälften

FÜR DEN TEIG

130 g Vollkornmehl
1/2 TL Natron
1 1/2 TL gemahlener Ingwer
1 TL gemahlener Zimt
115 g Melassezucker
1 Ei
125 ml entrahmte Milch
50 ml Sonnenblumenöl

FÜR 4–6 PERSONEN

Backofen auf 180 °C (Umluft 160 °C) vorheizen. Für den Belag eine Springform (23 cm Durchmesser) mit Öl ausstreichen und mit Zucker ausstreuen. Die Pfirsiche mit der Schnittfläche nach unten in die Form legen, dabei in jede Pfirsichhälfte eine Walnuss legen. Für den Teig das Mehl erst mit Natron, Ingwer und Zimt und dann mit dem Zucker vermischen. Das Ei mit Milch und Öl verquirlen. Zur Mehlmischung geben, zu einem glatten Teig rühren und diesen gleichmäßig über den Pfirsichen verteilen. 35–40 Minuten backen. Auf eine Kuchenplatte stürzen und noch heiß mit Joghurt oder Vanillesauce servieren.

Ingwer-Eiscreme

Ingwersprossen geben dieser sahnigen, erfrischenden Eiscreme ein erlesenes Aroma.

ZUTATEN

475 ml Milch
1 Vanillestange
4 Eigelb
75 g Zucker
4 Stück Ingwersprosse, gehackt
2 EL Ingwersprossensirup

FÜR 4–6 PERSONEN

In einem Topf die Milch mit der Vanillestange erhitzen, aber nicht kochen lassen. Vom Herd nehmen. Eigelb verquirlen, den Zucker einrieseln lassen und 5 Minuten schlagen. Unter ständigem Rühren Milch durch ein Sieb zugießen, die Vanillestange entfernen. Die Mischung in den oberen Teil eines Turmtopfs gießen und den Ingwer hinzufügen. Bei mittlerer Hitze unter Rühren zu einer dicklichen Creme einkochen. Ingwersirup untermischen. Abkühlen lassen. In eine Eismaschine geben oder ins Gefrierfach stellen, durchrühren und nochmals einfrieren.

Bananen-Ingwer-Schnitten

Diese saftigen Gewürzschnitten werden mit der Zeit immer aromatischer. Sie halten sich in einem geschlossenen Behälter bis zu zwei Monate.

ZUTATEN

200 g Mehl
2 TL Natron
2 TL gemahlener Ingwer
150 g mittelgrobes Hafermehl
4 EL dunkler Muskovado-Zucker
75 g Sonnenblumenmargarine
150 g Golden Syrup oder Zuckersirup
1 Ei, verquirlt
3 reife Bananen, zerdrückt
75 g Puderzucker
Gehackte Ingwersprossen zum Dekorieren (nach Belieben)

Den Backofen auf 160 °C (Umluft 140 °C) vorheizen. Eine rechteckige Backform von 18 x 28 cm mit Backpapier auslegen. Mehl mit Natron und Ingwer in eine Schüssel sieben und das Hafermehl untermischen. In einem Topf den Zucker mit der Margarine und dem Sirup bei schwacher Hitze zerlassen. Einige Minuten abkühlen lassen und unter das Mehl rühren. Das Ei und die Bananen unterarbeiten. Den Teig in die Form geben und etwa 1 Stunde backen. In der Form abkühlen lassen. Anschließend aus der Form nehmen und in Quadrate schneiden. Den Puderzucker in eine Schüssel sieben und mit etwas Wasser zu einer glatten Glasur anrühren. Die Gewürzschnitten mit der Glasur und nach Belieben mit gehackten Ingwersprossen dekorieren.

KÜCHENTIPP

Die nahrhaften Schnitten eignen sich auch sehr gut zum Mitnehmen für unterwegs.

Ananas-Ingwer-Kuchen

Ein Kuchen voll Aroma: Zu der Süße von Aprikosen und Ananas gesellt sich die Säure von Zitrusfrüchten und die aufregende Schärfe von Ingwer.

ZUTATEN

175 g Butter
150 g extrafeiner Zucker
3 Eier, verquirlt
Einige Tropfen Vanille-Essenz
225 g Mehl, gesiebt
1/4 TL Salz, 1 1/2 TL Backpulver
225 g getrocknete Aprikosen, gehackt
Je 115 g kandierte Ananas und kandierter Ingwer
Saft und Schale von 1/2 unbehandelten Orange und 1/2 unbehandelten Zitrone
Etwas Milch

FÜR 10–12 PERSONEN

Den Backofen auf 180 °C (Umluft 160 °C) vorheizen. Eine Springform von 20 cm Durchmesser oder eine quadratische Backform von 18 cm Seitenlänge einfetten.

Butter und Zucker schaumig rühren. Die Eier nacheinander mit der Vanille-Essenz an die Buttermischung geben und nach jedem Ei gut durchrühren. Mehl mit Salz und Backpulver in eine Schüssel sieben und einen Teil zusammen mit dem letzten Ei unter die Mischung rühren, dann das restliche Mehl unterheben.

Die Früchte, den Ingwer und die Zitrusschalen vorsichtig unterheben. So viel Fruchtsaft und Milch hinzufügen, dass der Teig weich vom Löffel fällt. In die Form füllen und mit einem nassen Löffel glatt streichen. Nach 20 Minuten Backzeit die Hitze auf 160 °C (Umluft 140 °C) reduzieren und weitere 1 1/2–2 Stunden backen, bis an einem in die Mitte eingestochenen Stäbchen kein Teig mehr haftet.

Den Kuchen in der Form abkühlen lassen. Dann aus der Form nehmen, in Frischhaltepapier wickeln und in einer luftdichten Dose lagern.

KÜCHENTIPP

Dieser Kuchen hält sich nicht allzu lange, lässt sich aber einfrieren, wenn man ihn erst in Pergamentpapier und dann in Folie einwickelt.

Register